Schirmer's Library of Musical Classics

.·.

Vol. 1404

FRANZ WOHLFAHRT

Opus 38

EASIEST ELEMENTARY METHOD

For Beginners on the Violin

Revised by

F. L. SMITH

EL MÁS FÁCIL MÉTODO ELEMENTAL

Para el Aprendizaje del

VIOLÍN

Revisado por

F. L. SMITH

Traducción Española de

M. C. BÓVEDA

G. SCHIRMER, *Inc.*

DISTRIBUTED BY

7777 W. BLUEMOUND RD. P.O. BOX 13819 MILWAUKEE, WI 53213

PREFACE TO THE FIRST EDITION

Although a good many Violin Methods have been published, there is not one intended simply and solely for children. The hands of these latter are often so small that the teacher hardly ventures to insist on the correct position for the 4th (little) finger, and for this reason I should have been glad to exclude its employment entirely, in this little work, had I not learned from my own experience that the sooner its training is started, the better. My unforgettable teacher, the late Concert-master Ferdinand David, had a great deal of trouble with me in this particular.

Another serious mistake is made when the teacher passes on to other positions before the pupil has thoroughly mastered the First Position.

The more difficult keys, as well as the embellishments, have been excluded, neither being suitable for primary instruction. I thought it unnecessary to give directions for the position of the body, holding the violin and bow, etc., for any good teacher can explain such matters better than written directions, especially in the case of children.

The attention of those examining this work is called to the fact, that I have purposely inserted several little pieces with accompaniments like those usually employed in dance-music; their aim is not only to interest the pupil, but also to stimulate his sense of rhythm.

June, 1875.

FRANZ WOHLFAHRT.

PRÓLOGO DE LA PRIMERA EDICIÓN

Aunque hay gran número de métodos para violín en el mercado, no hay ninguno, que yo sepa, especialmente adaptado para los niños cuyas manos son demasiado chiquitas. Por esta razón, les es casi imposible usar el cuarto dedo. Yo, con gusto hubiera omitido dar a este asunto atención alguna en la presente obra; pero la experiencia me convenció que es preciso desarrollar la educación del cuarto dedo a la mayor brevedad posible.

Mi maestro, el insigne Director de Conciertos Fernando David, tuvo muchísimo trabajo al enseñarme a mi por la deficiencia del cuarto dedo.

Es un grande error que el profesor pase al estudio de otras posiciones antes que el discípulo haya adquirido cierto grado de seguridad en el uso de la primera posición. A propósito he omitido en esta obra los tonos más dificultosos y las notas de adorno, creyendo que no es conveniente incluirlos en los primeros estudios. Respecto a la postura del cuerpo y del modo de sostener el violín, yo creo que es mejor no decir nada aquí. Todo buen maestro es enteramente capáz de enseñar ésto a sus discípulos individualmente siendo los resultados más eficaces, que someterse al estudio de las instrucciones escritas.

A las personas que deseen formar juicio sobre los méritos de esta obra, quiero decirles, que he insertado en ella algunas piececitas bailables con acompañamiento porque creo que así se acrecentará el interés del estudiante, estimulando su afición al estudio y el gusto por la acentuación rítmica.

Junio de 1875.

FRANZ WOHLFAHRT.

PREFACE TO THE SIXTH EDITION

With regard to violin-teaching, my principles, as a pedagogue of many years' experience, are the same as those set forth in the preface to the first edition. However, a few additional remarks may be added:

(1) In the first numbers I intentionally omitted the tempo-marks; let these short pieces be played slowly at first, gradually quickening according to the nature of the piece and the teacher's judgment, as precision and dexterity increase.

(2) Each little piece should be repeated several times running, so that the pupil may learn the exact length of the pauses at the end by being strictly controlled.

(3) Every Number, every Part, begins with the down-bow, and for the present each note must be played with a separate, emphatic stroke.

(4) Many of the Duets following are so arranged, that both parts can be played by pupils, the proficiency required for each being about equal. The choice, of course, must be left to the teacher.

September, 1882.

FRANZ WOHLFAHRT.

PRÓLOGO DE LA SEXTA EDICIÓN

Mis convicciones de pedagogo de muchos años; y la experiencia en la práctica de la enseñanza son iguales a los expresados en el prólogo de la primera edición tocante al aprendizaje del violín. No obstante, debo añadir lo siguiente:

1º. En las primeras ediciones he preferido no poner ninguna indicación de la velocidad en que debieran ser ejecutadas al principio, advirtiendo que esas cortas piececitas se estudiarán bien despacio, acrecentando la velocidad gradualmente según la naturaleza de la pieza en cuestión o la opinión del maestro, al paso que vaya adquiriendo destreza y precisión el discípulo.

2º. Estas piezas se repetirán varias veces seguidas para que el alumno aprenda la correcta medida de la música y de las pausas finales, hasta obtener un estricto dominio sobre su ejecución.

3º. Cada número, cada parte de él, comienza con la arqueada hacia abajo, y cada nota debe tener su golpe de arco, particularmente enfático al empezar.

4º. Muchos de los duos que se encuentran aquí están arreglados de modo que ambas partes puedan ser tocadas por el discípulo puesto que la dificultad de cada una es casi igual a la de la otra. Por supuesto, el maestro debe elegir cual debe tocar.

Setiembre de 1882.

FRANZ WOHLFAHRT.

A List of the Principal Musical Terms Used in Modern Music

WITH THEIR ABBREVIATIONS AND EXPLANATIONS

English	Term	Spanish
To, in, *or* at	*A*	A, al
In time	*A tempo*	A tiempo
Gradually increasing the speed	*Accelerando (accel.)*	Aumentando gradualmente la velocidad
Emphasis on certain parts of the measure, accent	*Accento*	Acentuatión
Slow; leisurely	*Adagio*	Despacio
At pleasure; not in strict time	*Ad libitum (ad lib.)*	Al gusto del ejecutante
To be played by both instruments	*A due (a 2)*	Tocado por dos personas, o dos instrumentos
Restless, with agitation	*Agitato*	Agitado, inquieto
In the style of	*Al or Alla*	Al, en estilo de
In the style of a march	*Alla Marcia*	A estilo de marcha
Very lively	*Allegro assai*	Muy rapidamente
Moderately quick	*Allegretto*	Con moderada velocidad
Quick and lively	*Allegro*	Aprisa, con alegría
Love. *Con amore*, fondly; tenderly	*Amore*	Amor. *Con amore*, acariciador
Affectionately	*Amoroso*	Amoroso, afectuoso
In moderately slow time	*Andante*	Despacio, con moderación
A little slower than Andante	*Andantino*	Un poco menos aprisa que el *Andante*
With animation	*Anima, con*	Con animación, vivamente
Animated	*Animato*	Animado, vivo
At pleasure	*A piacere*	Al gusto del que ejecuta
Impassioned	*Appassionato*	Apasionado, lleno de fuego
A broken chord	*Arpeggio*	Acorde cuyas notas se tocan una tras otra
Very	*Assai*	Muy
Resume the foregoing movement	*A tempo*	A tiempo, al compás original
Commence the next movement at once	*Attacca*	Sígase inmediatamente al próximo movimiento
A Venetian boatman's song	*Barcarolle*	Canto de remadores de Venecia
Well. *Ben marcato*, well marked	*Ben*	Bien. *Ben marcato*, bien marcado, decidido
Twice; repeat the passage	*Bis*	Otra vez, que se repita
With brilliancy, dash	*Bravura, con*	Ejecución brillante, con elegancia
Showy, sparkling, brilliant	*Brillante*	Con brillantez, rápida y alegremente
With much spirit	*Brio, con*	Brioso, con mucho fuego
A passage introduced as an embellishment	*Cadenza*	Pasaje musical que embellece una pieza
Decreasing in power and speed	*Calando*	Callándose, disminuyendo la fuerza y velocidad
In a singing style	*Cantabile*	Cantado, a estilo de canción
A little song	*Canzonetta*	Corto aire o canto
A composition of irregular construction	*Caprice*	Composición caprichosa, de construcción irregular
At pleasure	*Capriccio, a*	Al gusto del ejecutante
A movement in vocal style	*Cavatina*	Pasaje musical cantable
A finishing movement	*Coda*	Suplemento al final de una composición
With the	*Col, coll', colla*	Con el, con la
With	*Con*	Con
Gradually louder	*Crescendo (cresc.)*	Aumentando la fuerza gradualmente
From (the)	*Da or dal*	De, o del
From the beginning	*Da Capo (D. C.)*	Desde el principio
From the sign	*Dal Segno (D. S.)*	Desde la señal
Decreasing in strength	*Decrescendo (decresc.)*	Disminuyendo la fuerza poco a poco
Delicately; refined in style	*Delicatezza, con*	Con delicadeza, suavidad
Gradually softer	*Diminuendo (dim.)*	Suavizando el tono gradualmente
Divided. Each part to be played by a separate instrument	*Divisi*	Dividido, cada parte ejecutada separadamente
Softly, sweetly	*Dolce*	Dulce, con dulzura
Very sweetly and softly	*Dolcissimo*	Muy dulcemente
The fifth tone in the major or minor scale	*Dominante*	Quinta nota de las escalas diatónicas
A composition for two performers	*Duetto or duo*	Pieza ejecutada por dos personas conjuntamente
And	*E or ed*	Y o é
Elegant; graceful	*Elegante*	Con elegancia
The mouthpiece of a wind instrument	*Embouchure*	Boquilla de un instrumento
Alike in pitch but different in notation	*Enarmonico*	El mismo tono, pero diferente nota
With energy, vigorously	*Energico*	Con energía, fuerza y decisión
Expressively, with expression	*Espressione, con*	Expresivo
The concluding movement	*Finale*	Movimiento final de una obra
The end	*Fine*	El fin
Loud	*Forte (f)*	Fuerte, sonido de mucho volumen
Loud and instantly soft again	*Forte-piano (fp)*	Con fuerza, y suave inmediatamente
Very loud	*Fortissimo (ff)*	Muy fuerte
Force of tone	*Forza*	Fuerza del sonido
Accentuate the sound	*Forzando (fz)*	Acentúese la nota, acentuado con fuerza
With fire; with spirit	*Fuoco, con*	Fogosamente, con brio
Furiously; passionately	*Furioso*	Con furia y vehemencia
Playfully	*Giocoso*	Jocoso, burlesco
Exact; in strict time	*Giusto*	Justo, exacto, a estricta medida
Grand; pompous; majestic	*Grandioso*	Grandioso, con grandiosidad
Very slow and solemn	*Grave*	Gravemente, despacio, con solemnidad
Gracefully	*Grazioso*	Con gracia, juguetón
Taste	*Gusto*	Gusto
A combination of musical sounds	*Harmony*	Armonía
Sign prolonging a tone or chord	*Hold (⌢)*	Calderón, la señal que indica una pausa o parada
The first degree of the scale	*Key-note*	Tónica
Broad in style	*Largamente*	Despacio y con amplitud, pausado
Slow, but not so slow as Largo	*Larghetto*	Despacio, pero no tanto como el *Largo*
Broad and slow	*Largo*	Muy despacio
Smoothly, the reverse of Staccato	*Legato*	Ligado, bien unido, sin saltos bruscos
A small added line above or below the staff	*Leger-line*	Línea adicionale
Lightly	*Leggiero*	Ligero y delicadamente
Slow, but not as slow as Largo	*Lento*	Con lentitud, despacio
In the same time	*L'istesso tempo*	Al mismo tiempo

Play as written (no longer 8va)	*Loco*	En su lugar, tóquese tal como está escrito
But. *Ma non troppo*, but not too much	*Ma*	Pero. *Ma non troppo*, pero no demasiado
Majestically, with dignity	*Maestoso*	Majestuoso
Major key	*Maggiore*	En tono mayor
Marked. With distinctness and emphasis	*Marcato*	Marcado, bien acentuado
Growing slower and softer	*Mancando*	Muriéndose, la sonoridad desapareciendo poco a poco
Less. *Meno mosso*, less quickly	*Meno*	Menos
Moderately; half	*Mezzo*	Medio
Moderately soft	*Mezzo piano* (*mp*)	Suavidad moderada más que *piano*
Minor key	*Minore*	En tono menor
Moderate. *Allegro moderato*, moderately fast	*Moderato*	Moderadamente
Much; very	*Molto*	Mucho
Gradually softer	*Morendo*	Aminorando la sonoridad y algo más despacio
Moved. *Più mosso*, quicker	*Mosso*	Con rapidez. *Più mosso*, más aprisa
Motion. *Con moto*, with animation	*Moto*	El movimiento. *Con moto*, moviemiento animado
Not	*Non*	No
An indispensable part	*Obbligato*	Obligado, parte indispensable
A work	*Opus* (*Op.*)	Obra, una pieza o estudio
Or; or else. (Generally indicating an easier method)	*Ossia*	O así, indica generalmente un modo más fácil
To be played an octave higher	*Ottava* (*8va*)	Tóquese octava más arriba que como está escrito
Dying away gradually	*Perdendosi*	Perdiéndose, el sonido desvaneciéndose poco a poco
Heavily; with firm and vigorous execution	*Pesante*	Pesadamente, y a veces un poco más despacio
At pleasure	*Piacere, a*	Al gusto del ejecutante
Very soft	*Pianissimo* (*pp*)	Tan suave como es posible
Soft	*Piano* (*p*)	Suave
More. *Più allegro*, more quickly	*Più*	Más
A little	*Poco* or *un poco*	Poco
Gradually, by degrees	*Poco a poco*	Poco á poco
A little faster	*Poco più mosso*	Movimiento un poco más aprisa
A little slower	*Poco meno*	Un poco menos. *Poco forte*, con alguna fuerza
A little faster	*Poco più*	Un poco más
Then; afterwards	*Poi*	Luego
Pompous, grand	*Pomposo*	Con pompa y aparato
Smoothly gliding	*Portando*	Llevando de uno a otro
As fast as possible	*Prestissimo*	Tan aprisa como es posible
Very quick; faster than Allegro	*Presto*	Veloz, más aprisa que *Allegro*
The first	*Primo* (*1mo*)	Primero
A piece of music for four performers	*Quartetto*	Pieza ejecutada por cuatro personas o instrumentos
As if; similar to; in the style of	*Quasi*	Como, parecido a
A piece of music for five performers	*Quintetto*	Pieza ejecutada por cinco personas
Gradually slower	*Rallentando* (*rall.*)	Más despacio gradualmente
With special emphasis	*Rinforzando*	Con énfasis
Repetition	*Ripetizione*	Repetición
Slackening speed	*Ritardando* (*rit.*)	Disminuyendo la velocidad
Resolute; bold; energetic	*Risoluto*	Resuelto, con decisión
Retarding the time	*Ritenuto*	Retardando algo el compás
Playfully; sportively	*Scherzando*	Juguetonamente
The second time	*Seconda volta* (*2a*)	La segunda vez que se debe tocar algo
In a duet, the lower part	*Secondo*	El segunda
Follow on in similar style	*Segue*	Sígase en el mismo estilo
Simply; unaffectedly	*Semplice*	Sencillo, sin afectación
Always; continually	*Sempre*	Siempre, continuamente
Without. *Senza sordino*, without mute	*Senza*	Sin. *Senza sordino*, sin sordina
Forcibly; with sudden emphasis	*Sforzando* (*sf*)	Con fuerza, énfasis y energía
In like manner	*Simile*	De igual modo
Syncopation	*Sincopa*	Síncopa (nota a contratiempo)
Diminishing the sound	*Smorzando* (*smorz.*)	Igual que *Morendo*
For one performer only	*Solo*	Para un ejecutante solamente
A mute	*Sordino*	La sordina, que amortigua el sonido,
With the mute	*Sordino, con*	Usando la sordina
Sustained, prolonged	*Sostenuto*	Que se debe sostener
Under	*Sotto*	Baja
In a subdued tone	*Sotto voce*	En voz baja, con poca fuerza
With spirit	*Spirito, con*	Con energía
Forcefully	*Spiritoso*	Con espíritu
Detached, separated	*Staccato*	Picado, bien saltado
Dragging or retarding the tempo	*Stentando*	"*Ritenendo*," pero también se asemeja a "*Pesante*"
An increase of speed. *Più stretto*, faster	*Stretto*	Con velocidad
The 4th tone in the diatonic scale	*Subdominant*	Subdominante
Are silent	*Tacent*	Callan
Is silent	*Tacet*	Calla
Movement	*Tempo*	Tiempo, compás o medida
Same tempo as at first	*Tempo primo*	El primer tiempo indicado
Held for the full value	*Tenuto* (*ten.*)	Sosténgase por su valor entero
Quality of tone	*Timbre*	La qualidad del sonido
The key-note of any scale; the tonic	*Tonica*	Nota fundamental de la escala
A trembling, fluttering movement	*Tremolo*	Repetición rápida produciendo un sonido vibratorio
A piece of music for three performers	*Trio*	Pieza ejecutada por 3 personas
3 notes performed in the time of 2 of equal value	*Triplet*	Tresillo
Too much. *Allegro ma non troppo*, not too quick	*Troppo*	Demasiadamente. *Allegro ma non troppo*, no muy aprisa
All; all the instruments	*Tutti*	Todos los ejecutantes a la vez
A; one; an	*Un, una, uno*	Un, una
Alike in pitch	*Unisono*	Dos o más notas, que tienen el mismo sonido
With the soft pedal	*Una corda*	Pedal suave
Rapid; swift; quick	*Veloce*	Rápido, veloz
A wavy tone-effect which should be sparingly used	*Vibrato*	Tono vibrado de buen efecto
With vivacity; bright; spirited, lively	*Vivace, vivo*	Con vivacidad, rápida y alegremente
The voice; a part. *Colla voce*, with the (leading) part	*Voce*	La voz. *Colla voce*, con la voz principal
A national or folk-song	*Volkslied*	Canción nacional, villanesca
Turn over quickly	*Volti subito* (*V. S.*)	Vuélvase de pronto, o rapidamente

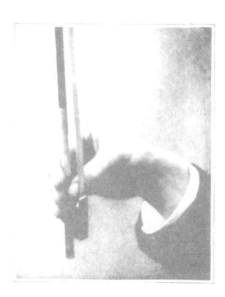

Fig. 1
Lámina 1

Fig. 2
Lámina 2

Fig. 3
Lámina 3

Fig. 4
Lámina 4

Fig. 5
Lámina 5

The Four Open Strings
and the notes to be played on them
in the first position.

Las Cuatro Cuerdas al Aire
Las notas que se deben tocar en ellas
usando la primera posición.

Value of the Notes and Rests | Valor de las Notas y de los Silencios

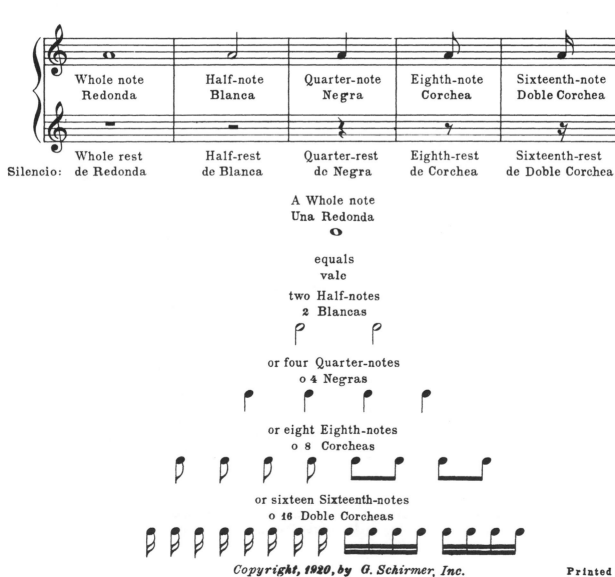

Whole note Redonda	Half-note Blanca	Quarter-note Negra	Eighth-note Corchea	Sixteenth-note Doble Corchea
Whole rest	Half-rest	Quarter-rest	Eighth-rest	Sixteenth-rest
Silencio: de Redonda	de Blanca	de Negra	de Corchea	de Doble Corchea

A Whole note
Una Redonda

equals
vale

two Half-notes
2 Blancas

or four Quarter-notes
o 4 Negras

or eight Eighth-notes
o 8 Corcheas

or sixteen Sixteenth-notes
o 16 Doble Corcheas

Open Strings

Use a long and vigorous stroke.

Las Cuerdas al Aire

Úsese una arqueada larga y vigorosa.

The Pupil / El discípulo
1.
Teacher / El maestro

2.

Open Strings and First Finger

Las Cuerdas al Aire y el Primer Dedo

3.

4.

Open Strings, First and Second Fingers

Retain the first finger while playing the second.

Las Cuerdas al Aire, Primero y Segundo Dedo

Sosténgase el primer dedo sobre la cuerda cuando se coloque el segundo.

5.

* This sign ⌐‾‾ indicates that the two notes are a half-tone apart.

* Este signo ⌐‾‾ colocado sobre dos notas indica que entre ellas hay un semitono de distancia.

6

Open Strings
First, Second and Third Fingers

Retain first and second fingers while
playing the third.

Las Cuerdas al Aire
Usando el Primero, Segundo y Tercer Dedo

Sosténgase el primero y segundo dedo en su posición mientras se ejecuta con el tercero.

8

Open Strings
First, Second, Third and
Fourth Fingers

Retain the first, second and third fingers while
playing the fourth.

Las Cuerdas al Aire
Usando el Primero, Segundo, Tercero y
Cuarto Dedo

Sosténganse los dedos primero, segundo y tercero
en su posición mientras ejecuta el cuarto dedo.

9

In ascending keep all the fingers down firmly,
as they are again required in descending.

Al ascender déjense los dedos en su lugar, puesto que se han de necesitar otra vez al descender.

10

Slurring on One String

Practice at first without slurring the notes.

Notas Ligadas sobre una Sola Cuerda

Al principio, tóquese este ejercicio sin ligar las notas.

Allegretto

37.

Polka

38.

Notes with Dots | Notas con Puntillo

Practice this piece at first without slurring the notes.

Practíquese esta pieza, primero sin ligar las notas.

Slurring from One String to Another | El Ligado de Una Cuerda a la Otra

☐ Down-bow | ☐ Arqueada hacia abajo
V Up-bow | V Arqueada hacia arriba

Scale in C Major | Escala de Do Mayor

Exercises employing Rests | Ejercicios con Silencios

⊓ Down-bow | ⊓ Arqueada hacia abajo
V Up-bow | V Arqueada hacia arriba

Exercises
in Bowing on Two Strings at once

Ejercicios
con Arqueada sobre Dos Cuerdas a la vez

Allegro

59.

Accidentals | Notas con Accidentales

c   c sharp   d   d sharp   f   f sharp   g   g sharp   a   a sharp
do do sos - re re sosten. fa fa sosten.sol sol sosten. la la sosten.
tenido

d   d flat   e   e flat   g   g flat   a   a flat   b   b flat
re re bemol mi mi bemol sol sol bemol la la bemol si si bemol

Exercises
with ♯, ♭ and ♮, but without Key-signature

Ejercicios
con ♯, ♭ y ♮, mas sin alteraciones en la c

Moderato

63.

Scale in G Major | Escala de Sol Mayor

64.

Tied Notes | Notas de Igual Nombre con Ligaduras

Syncopated Notes | Notas Sincopadas

Scale in D Major | Escala de Re Mayor

Triplets | Tresillos

Scale in E Minor | Escala de Mi Menor

Scale in A Major | Escala de La Mayor

Scale in A Minor | Escala de La Menor

Allegro moderato

85.

Dotted Eighth-notes | Corcheas con Puntillo

Scale in F Major | Escala de Fa Mayor

Scale in D Minor | Escala de Re Menor

Scale in B-Flat Major | Escala de Si Bemol Mayor

95.

Allegro moderato

96.

Allegretto

Scale in G Minor | Escala de Sol Menor

97.

46

98.

99.

Scale in E-Flat Major | Escala de Mi Bemol Mayor

100.

101.

Longer Exercises
in those keys with which the pupil
has thus far become acquainted.

Ejercicios de Mayor Duración
en los tonos que ya conoce el
discípulo.

Longer Exercises
in those keys with which the pupil
has thus far become acquainted.

Ejercicios de Mayor Duración
en los tonos que ya conoce el
discípulo.

PUPIL   EL DISCIPULO

PUPIL   EL DISCÍPULO

58

Allegro moderato

TEACHER   EL MAESTRO

Moderato

TEACHER   EL MAESTRO

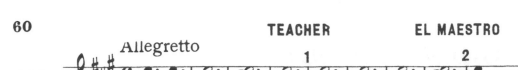